日本を防衛する
ハーモニー
宇宙艦隊
&銀河連盟

新型コロナの謀略を暴く

ジャーナリスト・作家

上部一馬

衝撃の超真相が、
今、明らかになる！

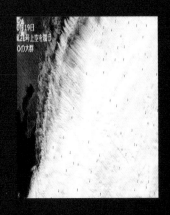

400万人コロナ反対デモ!!
ワクチン接種廃案

4 MILLIONEN
MENSCHEN IN
BERLIN !!!

Nannya-doraya

Contents

木花咲朔姫が富士を護る

協力：ハーモニーズ
編集／構成：上部一馬

Part 1 | ハーモニー宇宙艦隊が
日本を防衛している！！

近年、日本列島を襲う地震や台風などはディープステート（以下DS）、またはカバールと呼ばれるユダヤ系白人結社、"闇の政府"と呼ばれる組織の謀略であることを拙書『ハーモニー宇宙艦隊』シリーズで明らかにしてきた。

国際紛争、または局地戦争とは偶発的な民族間の対立ではなく、DSが支配できない国家に対し、謀略を演出、攻め入り、国家を崩壊させる偽旗作戦が敢行されたものであることが明白になった。

このDS、闇の政府については2018年2月、当時の民進党議員、原口一博氏が国会で初めて全貌を明らかにした。その要旨を簡単にまとめれば、

DSとは、米国政府の内部（ワシントンD.C.）で絶大な権力を握るグループで、政党や省庁、政府機関の枠を超えた存在だと言われる。財閥や軍産複合体（ネオコン派）、諜報機関、シンクタンクなどが組織され、米国政府をも動かし単独で対外政策を行う権力を持っている。

トランプ氏は、水面下で「DS」と敵対しているが、日米のメディア企業は「DS」の操作を受けトランプ氏を攻撃しているように見える。これは陰謀論ではなく、事実である。

戦争屋DSが紛争を仕掛けている！

これまでの紛争は、国と国が戦争、あるいはテロリストが攻撃しているように見えるが、実際は、ワシントンの戦争屋「DS」が自作自演・偽旗作戦でやっていることだ。

トランプ氏は、このことを暴露している。今まで米国が関わった戦争を見ると、建国以来240数年のうち約140年のあいだ戦争を行っている。

近年の戦争を見ても、ベトナム戦争のトンキン湾事件、湾岸戦争のナイラ証言、またアフガンやイラク戦争の起因となった9.11でも本当はサウジアラビアが犯行を遂行し、そしてイラクは大量破壊兵器を持っていなかったのに戦争を仕掛けられた。

つまり、国と国の脅威に備えるよりも、むしろ自作自演で仕掛ける戦争屋、ＤＳこそ、最大の敵であるのではないか、ということになる。

驚くべきことに米国ＣＮＮは、9.11の際、貿易センタービルに突入した旅客機の映像がＣＧによるフェイクであることを世界に公表した。

米大統領選はDS民主党の不正選挙だ！

これまでトランプ氏は、就任３年間で戦争屋ＤＳを一掃、かなり粛清した。しかし、４年目の2020年、大統領選でＤＳの巣窟ともいえる米民主党候補バイデンを使い、組織がらみの不正選挙が行われ、トランプ氏は苦境に陥っている。とは言え、訴訟を各州で起こし、手作業による再集計ではトランプ氏が優勢の情報を入手した。

12月14日の選挙人投票結果は2021年１月６日判明、長引く可能性が高い。もしこれで民主党の勝利となると、トランプ革命は挫折し、またもやＤＳが我が物顔に世界を操ることになる。戦争が終焉、世界平和の道が遠ざかることは確実なのではないか。

不正選挙の証拠はここにあります！
我々はこの234ページの宣誓供述書をまとめた！

ハーモニー艦隊及び銀河連盟が人工台風を操作

2019年、大きな被害を出した台風15号と台風19号も人工台風だったが、2020年に入って福岡と熊本で集中豪雨が発生した。これも気象兵器による。この夏あたりから台風が激減している事実は、ハーモニー宇宙艦隊及び銀河連盟がDSを追放、粛清したことによる。

2020年9月22日（下図）、沖縄沖あたりから日本列島に北上してきた台風12号は関東に接近、房総半島沖でハーモニー宇宙艦隊の引き回しにされたあげく、そこで消滅した。次にやってきた台風14号も強い勢力のまま沖縄本島に接近、10月6日四国沖から関東直撃が予測された。実は、10月11日は筆者の誕生パーティを計画していたのだが、中止せざる得ないとも考えていた。

ところがこの日、筆者は久方ぶりになぜか、NASA衛星サイト「Worldview」で北極上空を検索した。2016年にこのポイントから100機前後のハーモニー宇宙艦隊が布陣している画像を発見したのだ。予想は的中、またもや100機前後ほどが数か所で隊列を組んでいるUFO群を発見した。機体がそれぞれ微妙に違い、間隔も方向も微妙に違う。彼らは磁力線をフリーエネルギーに変換、操作はテレパシーだからだ。まさしくハーモニー宇宙艦隊に間違いない。

前代未聞、台風14号はUターンした

この夜、筆者は「ハーモニー宇宙艦隊様、台風14号の関東直撃回避をお願い致します」と目を閉じ、3分ほど瞑想した。

そして、問題となる10月9日、NASA Worldvewで富士山上空と浜松市沖に2機ハーモニー宇宙船が布陣しているを確認した。そして、10月10日、気象庁は紀伊半島沖から台風14号は弧を描き南下することを予測した。全国民が注視する中、台風は浜松沖から関東直撃コースを外れ、Uターンするという空前絶後のカーブを描き、小笠原近海で熱帯低気圧になったのだった。

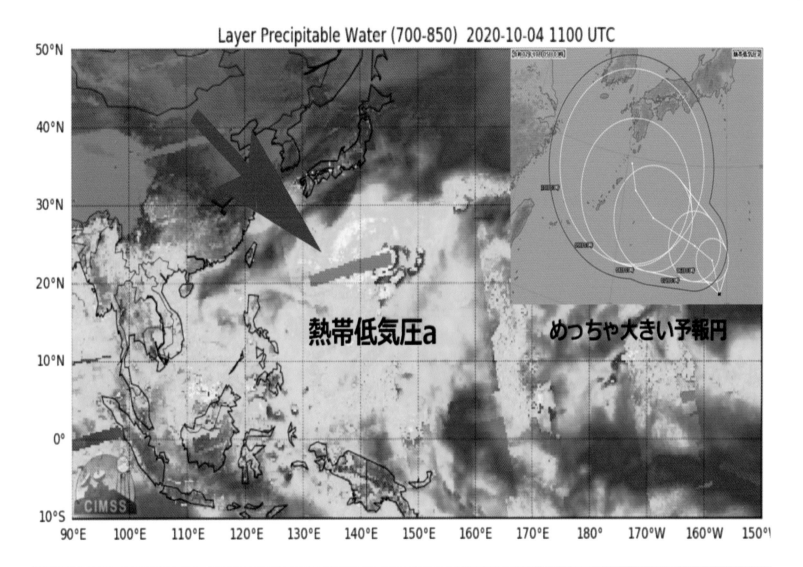

Layer Precipitable Water (700-850) 2020-10-04 1100 UTC

熱帯低気圧a

めっちゃ大きい予報円

2020年10月4日、強い台風14号が九州沖に接近しつつある中、ウイスコンシン州立大提供のMIMICの画像を見ると、西日本列島から東シナ海領域に巨大なハーモニー宇宙艦隊のバリア？がかかり、台風のコントロールが開始されたと考えられる。

NASA Worldview 2020年10月6日
北極上空に布陣するハーモニー宇宙艦隊。

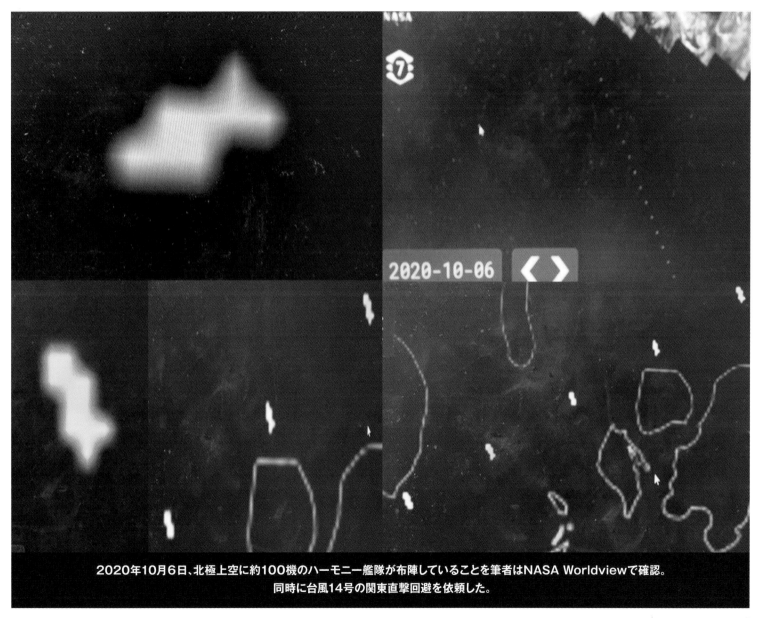

2020年10月6日、北極上空に約100機のハーモニー艦隊が布陣していることを筆者はNASA Worldviewで確認。
同時に台風14号の関東直撃回避を依頼した。

台風14号

●10月8日9時
●970hPA
●最大瞬間風速
50メートル/S
●強い

※台風の中心は必ずしも予報円の中心を結ぶ線に沿って進むわけではありません

tenki.jp

2020年10月8日、台風14号は沖縄本島から北上、四国沖から関東直撃コースが予測された。

10

2020年10月9日、NASA Worldviewが捉えた、関東直撃が予測される台風14号。拡大したところ…

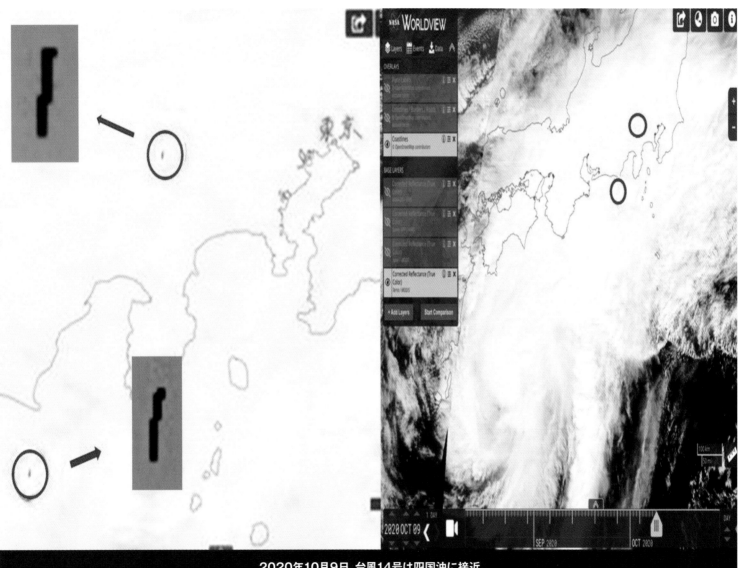

2020年10月9日、台風14号は四国沖に接近、
関東上陸が予想されたがハーモニー船が2機、静岡、浜松市沖に布陣しているのが確認された。

台風14号

10日(土)7時
10日(土)18時
11日(日)6時
12日(月)3時
13日(火)3時

※台風の中心は必ずしも予報円の中心を結ぶ線に沿って進むわけではありません

tenki.jp

2020年10月10日午前7時、台風14号は紀伊半島沖で南下、Uターンするというコースを気象庁が予測した。

13

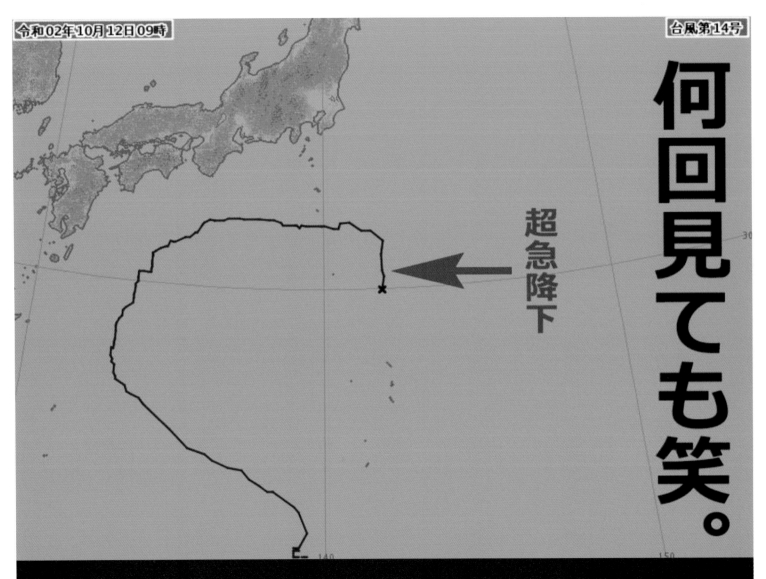

台風第14号

何回見ても笑。

超急降下

2020年10月12日、台風14号は空前絶後、小笠原諸島近海でUターン、熱帯低気圧となって消滅した。

出典：ハーモニーズ横石集ブログ

14

駿府城上空に巨大なハーモニー宇宙船雲が出現！

2020年10月29日、ハーモニーズ代表の横石集氏は、駿府城公園の徳川家康公像を参拝した際、
駿府城公園上空に巨大なハーモニー宇宙船型のクラウドシップが出現するのを目撃した。

出典：ハーモニーズ横石集ブログ

緊急地震速報で
推定された震源

①伊豆諸島で揺れを検知
千葉南方沖を震源と推定

実際の震源

レギュラーおはぎちゃんとSQRによる
関東南部の守り

量子の防塁

2020年、ハーモニーズ製の"おはぎちゃん"の設置とハーモニー宇宙艦隊のオペレーションで太平洋での台風発生が激減した!

台風の発生数（2019年までの確定値と2020年の速報値）

2020年の台風の発生数（2020年9月28日現在）

年	1月	2月	3月	4月	5月	6月	7月	8月	9月	10月	11月	12月	年間
2020					1	1		7	4				13

2019年までの台風の発生数

年	1月	2月	3月	4月	5月	6月	7月	8月	9月	10月	11月	12月	年間
2019	1	1				1	4	5	6	4	6	1	29
2018	1	1	1			4	5	9	4	1	3		29
2017				1		1	8	5	4	3	3	2	27
2016							4	7	7	4	3	1	26
2015	1	1	2	1	2	2	3	4	5	4	1	1	27
2014	2	1		2		2	5	1	5	2	1	2	23
2013	1	1				4	3	6	7	7	2		31
2012			1		1	4	4	5	3	5	1	1	25
2011					2	3	4	3	7	1		1	21

2020年になって台風が顕著に激減していることがわかる。
ハーモニーズのおはぎちゃんと、ハーモニー宇宙艦隊との共同作戦の成果と思われる。

出典：ハーモニーズ横石集ブログ

DSは、今度は富士山噴火を狙ってきた！？

2020年9月18日（p20）富士山の山頂は傘雲で覆われ、関東で広く観測された。筆者は、複数の画像を受信した。コンタクティnonnoは、ここ数年、バッグにカメラを忍ばせ、テレパシーが入るたびに撮影していた。この日は富士山裾野の河口湖に撮影に出向いていた。ちょうど夕方、UFOからテレパシーが入り、富士山周辺に漂う傘雲（p21）を撮影することができた。その中の一枚にUFOがくっきり写っていた。

果たして富士山では何が起こっているのか？　この傘雲は何を意味しているのか？

筆者はこうした場合、ダウジングの原理にも似たフーチセンサーを駆使する若手の建築家でもある"和田っち"、そして、京大工学部卒の大手企業企画室に勤務するY氏に依頼、謎を解明するのを常としている。両人のフーチ判定は、こうだ。

「この日、銀河連盟が富士山噴火を阻止すべく、マグマを5次元に転送、火口内を冷却した」との驚愕（p22）の判定を得た。

また、信頼できる筋からは9.11を仕掛けたディープステート（DS）がまたもや富士山噴火を狙ったことがわかった。そして、八咫烏の複数のメンバーが地下で噴火阻止に動いてくれたという情報を入手した。まさしく空と地下からの援軍が富士山を護ってくれた可能性が濃厚だ。

これは富士山を護る木花咲耶姫の想いだったかもしれない。2020年、DSは偽コロナ騒動を仕掛け、毒入りワクチン接種及び富士山噴火を狙ってきた。奴らは、相当追い詰められているのに違いない。世界を陰で操り、9.11米国同時多発テロ事件を自作自演、仮想アルカイダをでっち上げ中東イラクとリビアを破壊、次に3.11東日本大震災、熊本地震などを仕掛け、日本に大打撃を与えたと噂される。

DSはまたもや、富士山噴火で日本弱体化を狙った。しかし、日本を護るハーモニー宇宙艦隊及び銀河連盟がこの謀略阻止に動いてくれたのは間違いないと思われる。

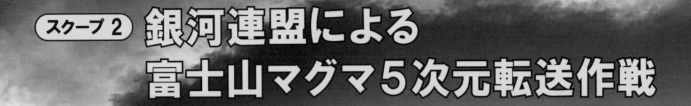

銀河連盟による
富士山マグマ5次元転送作戦

2020年9月18日　場所：富士宮　撮影：加藤利忠氏

2020年9月18日、河口湖　愛のフォトグラファー nonnoはハーモニー宇宙艦隊及び銀河連盟のテレパシーを受けた。

21

2020年9月18日、銀河連盟による空前の富士山噴火攻撃を阻止するマグマを5次元に転送する大作戦が敢行された！

撮影：Taitan

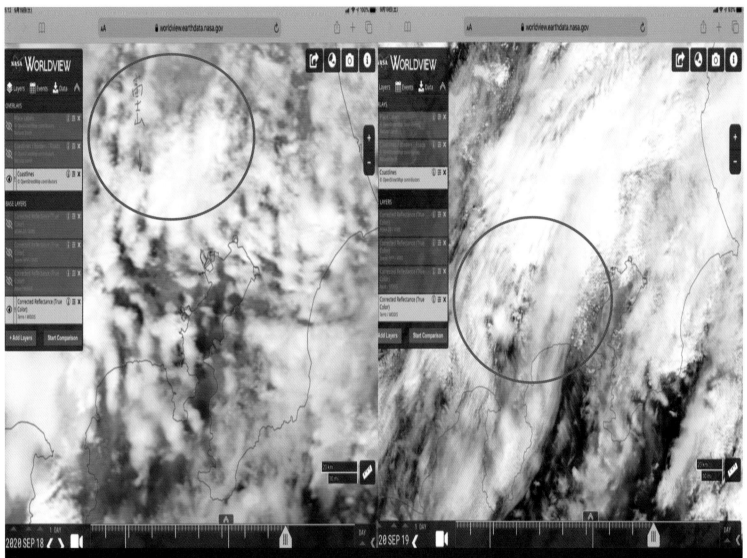

NASA衛星サイトWorldviewは、9月18日、富士山上空のピンボケ画像を公表した。しかし、9月19日にはくっきり、富士山が写っていた。このことから富士山上空が5次元になったことでピンボケになったという推測が成り立つ。

23

台風15号が関東に接近した2019年9月8日、マリア生誕祭が行われた。前日7日未明、ハーモニー宇宙船が出現していた！

Mirabelle氏

即興ピアニスト
Liyura氏

ハーモニー船が台風15号東京上陸を阻止

　台風15号（p27）が接近した2019年9月8日、東京・門前仲町でピアニスト・Liyura氏は『第3回マリア生誕祭』（p24）を開催した。東京は大雨、強風が予想されたが、空は曇天になっただけで、無事イベントを開催することができた。

　その夜、筆者は、知人から東京上空に出現したUFO画像（p27）の送信を受けた。そこで、NASAの衛星サイト『Worldview』（p27）を検索してみた。すると、予想通り前日7日、東京上空にハーモニー宇宙船が2機出現しているのを確認できた。1機は江戸川区上空、2機目は新宿区上空あたりと推定される。両機とも2019年から見られる左が赤、右側が黒に彩られたハーモニー宇宙船であることがわかる。

　新宿上空に出現したUFO画像を撮影したのは、Liyura氏の知人である相沢宏幸氏。もう1機は、UFOコンタクティ・"矢部っち"のものだった。同氏は、アンドロメダ星雲系とうしかい座の1等星アルクトゥルス系のUFOを複数撮影しているので、ハーモニー宇宙艦隊の乗務員は、銀河連盟との混合チームかもしれない。

　NASA衛星写真と地上から撮影された画像は、出現場所も一致、彼らの実在が確認されたものとなった。

　『マリア生誕祭』では、Liyura氏のピアノ演奏に合わせ、アンドロメダからプレアデス、金星で生まれた記憶があるという、Mirabelleと名乗る女性がフリーダンスを披露した。この日以降、Liyura氏が主催する演奏会では、葉巻型ハーモニー宇宙船が出現するようになった。ハーモニー宇宙艦隊及び銀河連盟はその存在を知らしめるだけでなく、コンタクティの人選にも入ったと考えられる。後に衝撃のコンタクトを紹介する。

2019年9月8日、台風15号が東京上陸寸前

2019年9月8日東京上空に2機出現

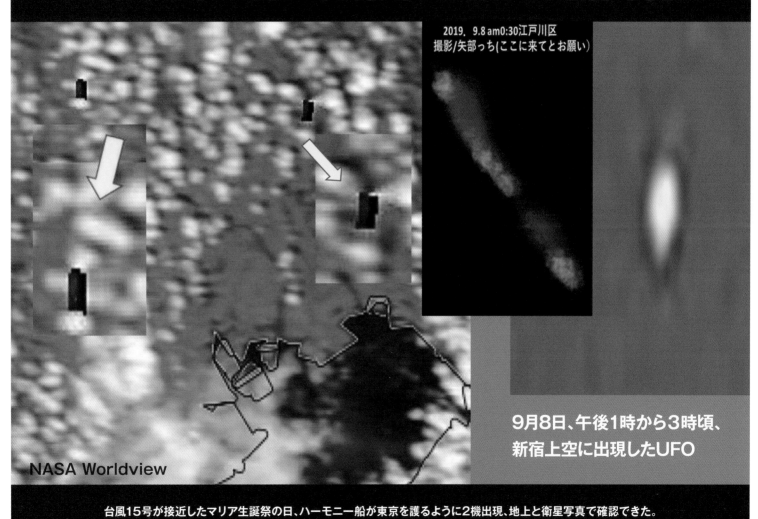

2019, 9.8 am0:30江戸川区
撮影/矢部っち(ここに来てとお願い)

9月8日、午後1時から3時頃、新宿上空に出現したUFO

NASA Worldview

台風15号が接近したマリア生誕祭の日、ハーモニー船が東京を護るように2機出現、地上と衛星写真で確認できた。

都内上空にクラウドシップが出現！

コロナ騒動が続く2020年8月30日、筆者は都内水道橋付近を歩いていた。東方のビル群に巨大な積乱雲が覆いかぶさるように出現しているのを確認した。これを拡大したところ、円形の雲が幾条にも重なっているのがわかった。

早速、筆者ご用達のフーチセンサーの精鋭に判定を依頼した。その結果、銀河連盟の5次元での"クラウドシップ"であるとの判定を得た。クラウドシップとは、ＵＦＯの擬態のことだ。

3次元とは、私たちが生活する空間のことだが、5次元とは何なのか。

銀河連盟とは、おうし座プレアデス星団、及びおおいぬ座の一等星シリウス、アンドロメダ星M31などを故郷に持つ異星人の連合チームだ。プレアデス星は400光年、アンドロメダ星は230万光年の遠方だ。1光年とは、光のスピードで1年かかる距離だ。これを瞬間的に移動する"ワープ航法"を彼らは有する。

宇宙空間は多次元世界で形成されているので、彼らは5次元空間に存在することが多いと考えられる。

コロナ騒動で生活苦に追い込まれ、自殺者まで出す現況を心配し、警鐘を鳴らしているのだろうか？

これを裏付けるように8月20日、NASAのWorldviewで北海道上空で1機のハーモニー宇宙船が捉えられ、地上からも同型が撮影（p32）されていた。このハーモニー宇宙船だった可能性が高い。

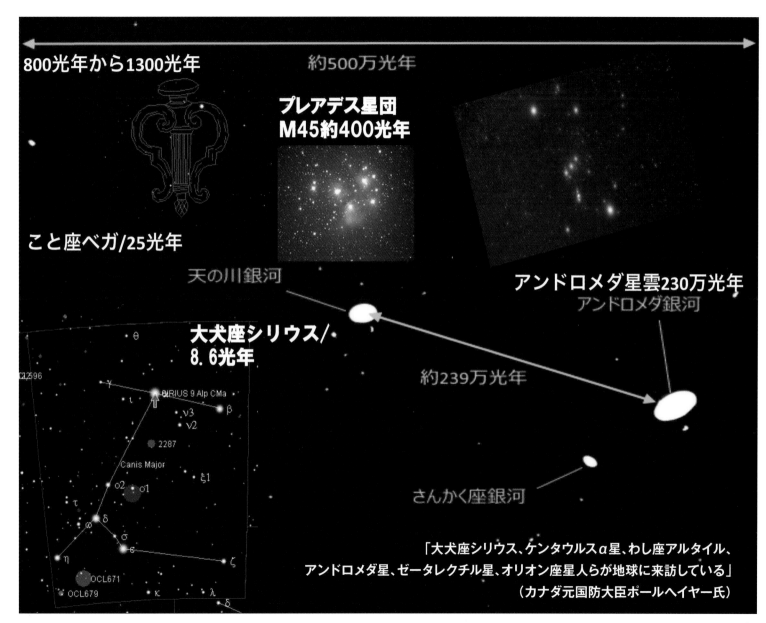

800光年から1300光年　　約500万光年

プレアデス星団
M45約400光年

こと座ベガ/25光年

天の川銀河

アンドロメダ星雲230万光年
アンドロメダ銀河

大犬座シリウス/
8.6光年

約239万光年

さんかく座銀河

「大犬座シリウス、ケンタウルスα星、わし座アルタイル、
アンドロメダ星、ゼータレクチル星、オリオン座星人らが地球に来訪している」
（カナダ元国防大臣ポールヘイヤー氏）

2020年8月30日午後4:00、水道橋上空　著者撮影　フーチセンサーで5次元の銀河連盟と判明した！

同年同日、都内各地で"謎の積乱雲"は撮影されていた。

5 km

5 mi

2020年8月20日に撮影されたクラウドシップは、北海道付近で同日NASA Worldviewと地上（右）からも確認され、同一の機体と思われる。

2019. 12.14 Liyura
＆上部UFO3時間スペシャル

銀河連盟乗務員のイメージ
出典：「アルシオン・プレアデス」

Liyura氏、川又淳一氏

ハーモニーズ代表：横石集氏　　愛のフォトグラファーnonno氏　　フーチャー：Y氏とMirabelle氏　　和田っち氏

2017年12月
スカイツリー下のレストランで
クリスマスパーティーを開催!
なんと上空でUFOが見守ってくれていた!

早大ベリーダンスクラブが踊りを披露。これを楽しむようにUFOも踊っていた!

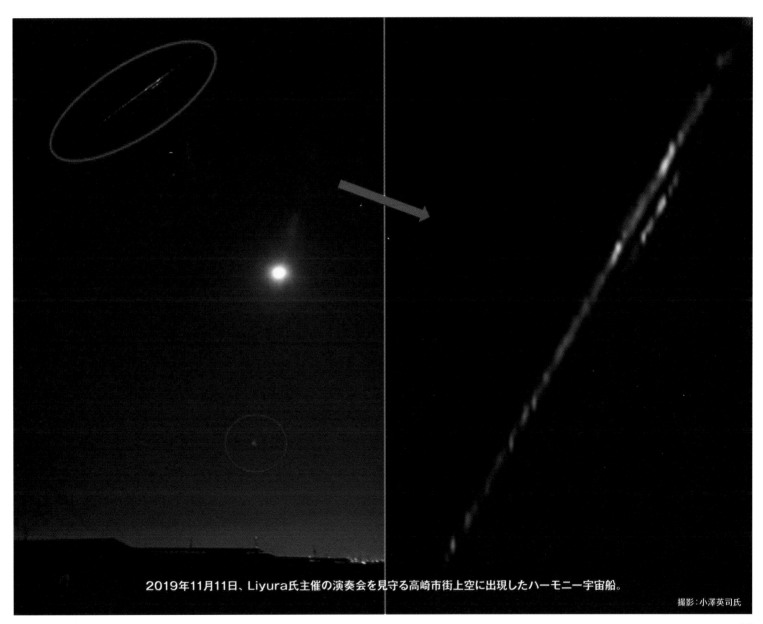

2019年11月11日、Liyura氏主催の演奏会を見守る高崎市街上空に出現したハーモニー宇宙船。

撮影：小澤英司氏

満月の夜空に出現したUFO群（高崎市内） 2019年11月11日7時過ぎに予告出現した。

撮影：川又淳一氏

2019年12月14日、榛名山榛東村、上部＆、Liyura　UFO3時間スペシャル講演会。

2020年8月8日、榛名山榛東村　ライオンズゲート＆演奏会。

37

2020年2月16日ヒカルランドパーク
「人類と異星人の謎を解く」上部一馬講演会

ヒカルランド：石井健資社長

ヒカルランド主催著者UFO講演会で上空にUFOが予告出現。複数が撮影に成功した。

ヒカルランドのあるビル近辺のハーモニー宇宙船。

10月31日、満月演奏会の夜、UFO出現。

2020年２月22日、ヒカルランド上空に午後７時を時間指定、
満月の脇に円型UFOが出現。

撮影：川又淳一氏

キーシャ・クローサー氏

　筆者は2012年10月19日、NASA衛星サイト「Worldview」で東日本から岩手県はるか沖、オホーツク海、北極の上空にかけ、数千機のUFOが布陣していること（p42）をハーモニーズ代表・横石集氏から聞き取材した。以来巨大地震、巨大台風、集中豪雨などの災害が発生するたびに彼らが現場近くに出陣、大難を小難に

してくれている証拠を『ハーモニー宇宙艦隊』シリーズで問うてきた。同様な見解を世界的なメッセンジャー、キーシャ・クローサー氏も「2000年以降、惑星評議会及び銀河連邦は、このままでは地球は滅亡するので、地球への強制介入、悪しき異星人の排除に乗り出したのです」と述べていることを知った。

月19日

風21号上空を覆う

〇の大群

2012.10.19worldview

NASA衛星画像に捉えられたハーモニー宇宙艦隊。日本近海、太平洋、オホーツク海、アリューシャン列島など広域に数千機が出現した。

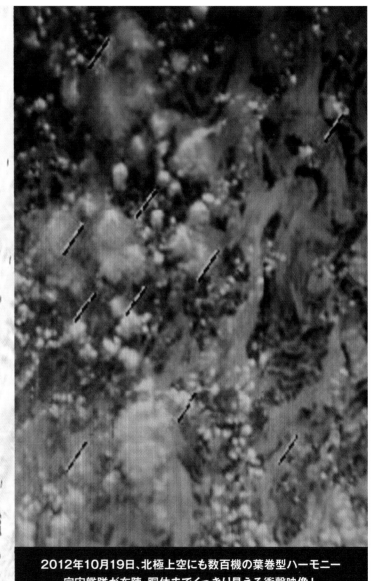

2012年10月19日、北極上空にも数百機の葉巻型ハーモニー宇宙艦隊が布陣。胴体までくっきり見える衝撃映像！

CNNは、貿易センタービル突入寸前の旅客機の翼が後方のビルに隠れている画像を公開。

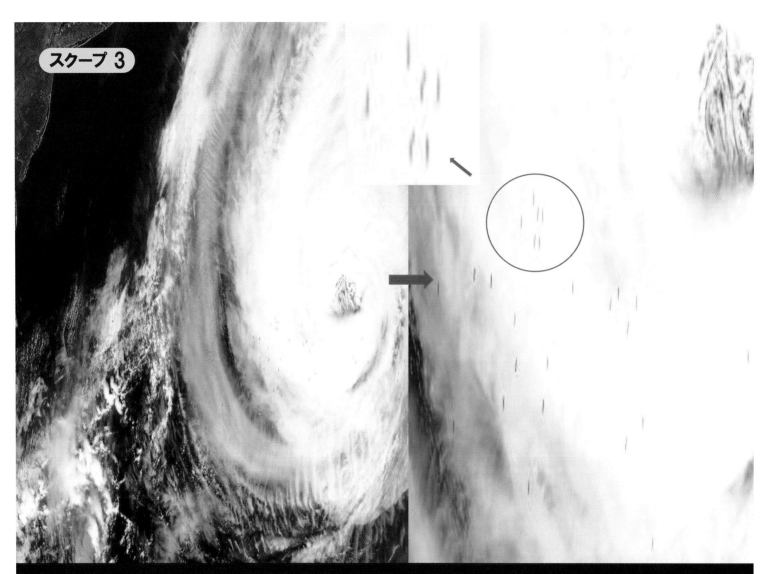

2001年9月11日、「米同時多発テロ」の当日、人工台風で日本も攻撃されていた！
台風を拡大すると、10日から数十機、ハーモニー宇宙艦隊が突入していたことが確認できた。

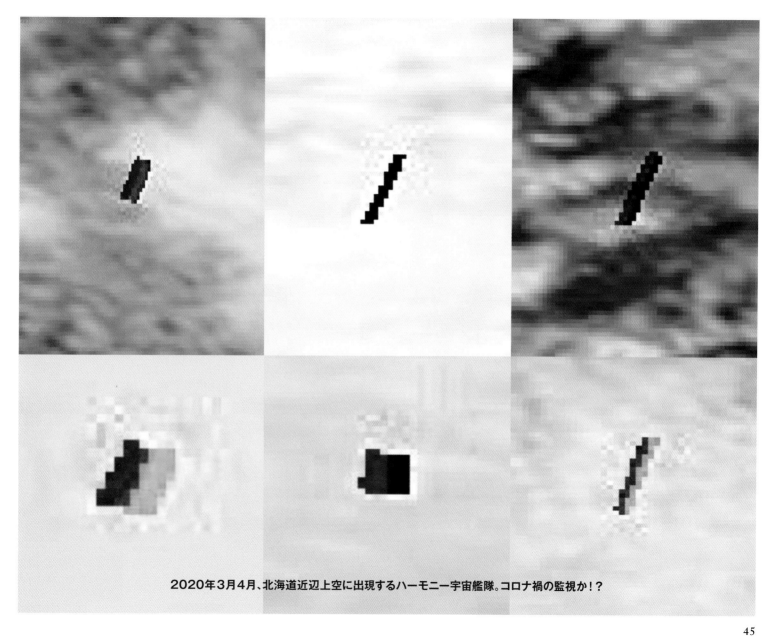

2020年3月4月、北海道近辺上空に出現するハーモニー宇宙艦隊。コロナ禍の監視か!?

2018年、横須賀港上空に出現したハーモニー宇宙船。

2020年6月29日、第三京浜 多摩川上空に銀河連盟のUFOが出現。

撮影：藤岡眞氏

筆者、新宿駅東口にハーモニー宇宙艦隊召喚に成功！①

2020年1月29日午後10時頃、新宿駅東口ヤマダ電機前上空、10機前後のUFO召喚に成功。

自宅上空にハーモニー宇宙艦隊召喚に成功②

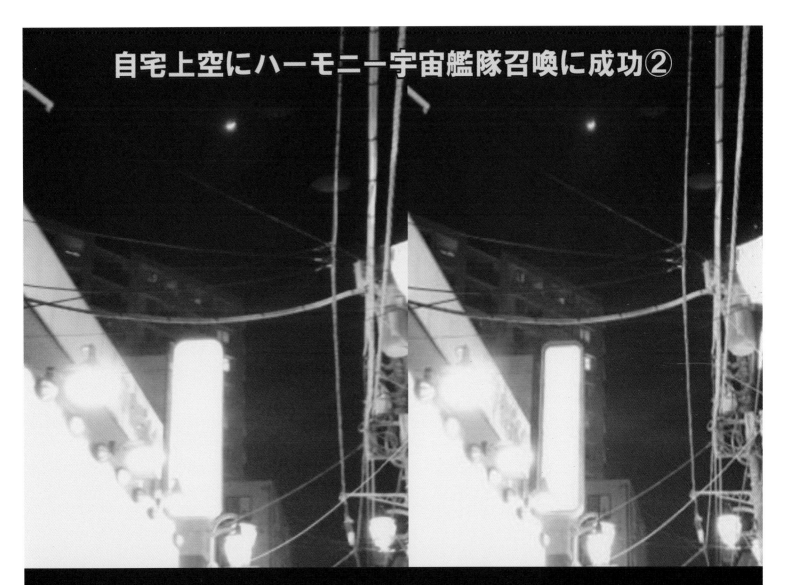

2020年3月1日午後8時45分、著者が自宅付近でハーモニー宇宙船の出現を要請した。その直後3機のハーモニー宇宙船が出現した。

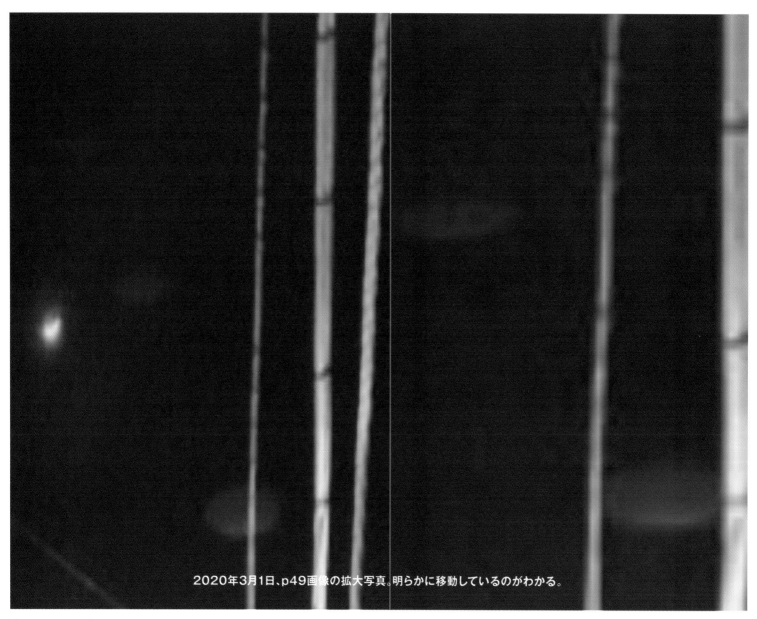

2020年3月1日、p49画像の拡大写真。明らかに移動しているのがわかる。

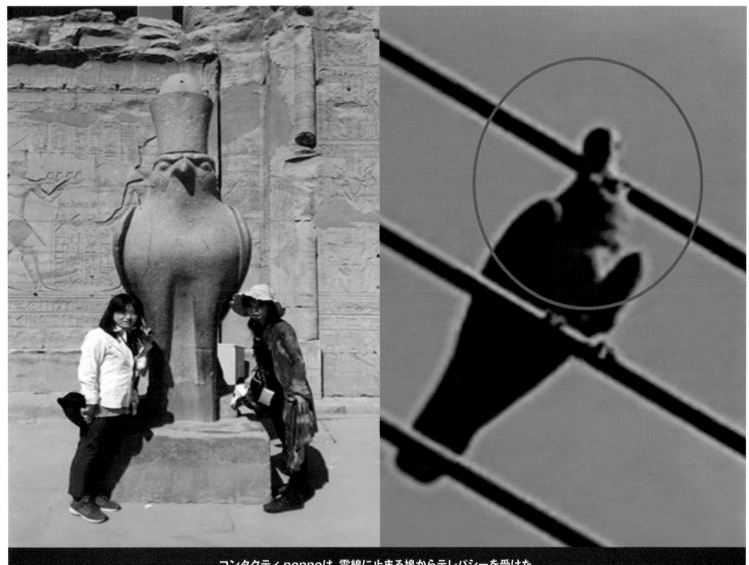

コンタクティ nonnoは、電線に止まる鳩からテレパシーを受けた。
よく見ると、頭はエジプト神話に登場するホルスの頭に酷似する。このような鳩は存在するだろうか？

左)ホルス　提供：堀田美氣氏

2020年4月21日　八王子方面の山で nonno は ハーモニー宇宙船からテレパシーを受けた。

2020年10月31日、Liyura氏満月祭の翌日、nonnoは清里上空でUFOをバンバン撮影した。

コンタクティ nonnoは、2020年になって頻繁にUFOから通信を受け、写真撮影に成功。

スクープ 4 部屋にプレアデス星人が出現！

　2020年10月31日、高崎ジャズスタジオでLiyura氏主催の満月引き寄せ演奏会が開催された。筆者は今回で3回目の参加。ちょうど7時頃バルコニーで上空に向かい、ハーモニー宇宙艦隊に出現依頼したところ、上空でピカッと光ったのを確認した。演奏会が終わり、懇親会の終了後、高崎上空をゆっくり移動するUFOを数人で確認できた。これで3回ともUFOが出現、間違いなく、彼らが筆者らの存在を認識しているをことを再確認できた。

　翌日、コンタクティnonnoとフーチセンサーでは精鋭のY氏らは軽井沢に向かい、紅葉を楽しんだ。2020年11月4日、米大統領選の開票速報が流れる中、この日深夜、筆者は部屋の中に誰かが現れ、うなじを2度触られた。

　幽霊かと思って寝返りをうって、ハーモニーズペンダントを握りしめ、眠った。翌朝、今晩も幽霊が出たら嫌だなと思っていた。

UFOから頻繁にテレパシーを受信、搭乗のサイン！？

　そこで、フーチセンサーを操る和田っちに幽霊かどうかの判定を依頼した。その結果、部屋に現れたのは宇宙人であるとの判定を得た。さらにもう1人の精鋭、大手企業の企画室に勤めるY氏にもフーチ判定を依頼した。その宇宙人とは「プレアデス星人である」ことが判明した。また、UFO画像をテレパシーで受診、数年前から無数のUFO画像の撮影に成功しているコンタクティ＆愛のフォトグラファーnonnoは、11月15日、UFOに搭乗することが決定しているとの判定を得た。11月上旬、彼女の周辺にはＵＦＯが頻繁に現れることとなった。

白い部屋、女1人、男2人の宇宙人と遇う！

nonnoは、2020年11月16日未明、「白い部屋で女1人、男2人と話し、車のようなものに乗った夢を見た」とのコメントを筆者は得た。そこで、いつもの判定を仰ぐ、岐阜在住の和田っちは、「朝方、UFOに乗ったようです」とのこと。もう1人の精鋭、S氏からは、「小型UFOから葉巻型UFOに乗り換え、プレアデス星系惑星間旅行したようです」との判定を得た。その後、「女性は白いフィットした上下スーツに赤茶色の毛髪でした」とnonnoの記憶が蘇った。

さらに朝、自撮りした瞬間、「サラ」との呼び声がした。

過去、UFO搭乗体験では、あの"青森のリンゴのおじさん"木村秋則氏が著名。テレビで見た回想シーンでは、「なんだか、UFOに乗ったような気がし、気がついたら部屋のソファに座っていた」とのこと。ご本人は夢だったのかなと思っていた。

ところが、ある日、テレビを見ていた。その番組はUFO特集で、米人の女性がインタビューを受けていた。「UFO内には私のほか、3人が乗っていた。その1人はみすぼらしい日本人だった」木村氏はこのとき初めて、自分がUFOに乗ったのは夢ではなかったことを知った。こうした体験は、実は少なくない。

幽体でUFOに搭乗、プレアデス星へ惑星間旅行ができた

人間は睡眠中、肉体から幽体を分離できる。このとき、霊界を探訪、過去や未来を垣間見たりする。

またはUFOに案内され、銀河系を旅したりするケースもある。霊界を探訪した話では、スウェーデンボルグがあまりにも有名だ。スウェーデンボルグの探訪記は膨大な数に及び、大英博物館に所蔵されている。日本では、出口王仁三郎の『霊界物語』が有名、もはや神話ともなっている文献だ。

出典：Arushionn.com

当日の朝nonno

時空を越えて奇跡の出逢いは
神秘的かつ感動の瞬間
見えない世界を繋いで深まる信頼
霧は晴れてもうすぐ高次元の光達は
全ての人に向けて放たれる

2020
00 November

Sun	Mon	Tue	Wed	Thu	Fri	Sat
1	2	3 友引 文化の日	4	5 仏滅	6 大安	7
8	9 友引	10	11 仏滅	12 大安	13	14
15 仏滅	16 大安	17	18	19 友引	20	21 仏滅
22 大安	23 勤労感謝の日	24	25 友引	26	27 仏滅	28 大安
29	30					

UFO搭乗体験は2019年4月、nonnoがマカオを訪れたときが発端だ。空にUFOがビュンビュン出現。
このとき、翌年11月にUFOに搭乗することがカレンダーに示されていたことがテレパシーでわかった。これもフーチで確認できた。

Part 2 | 偽新型コロナ感染の 謀略を暴く

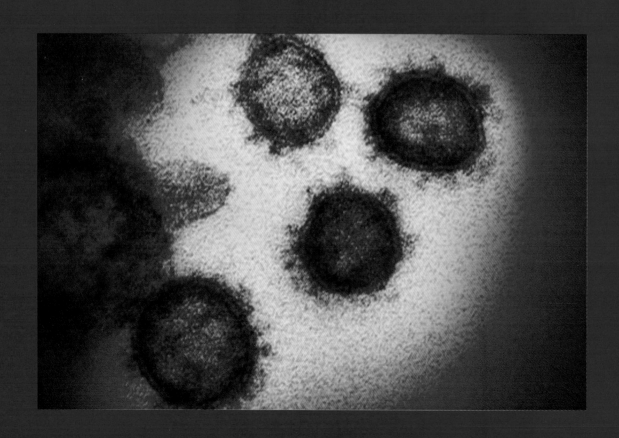

マスク着用は熱中症、血栓症を誘発、健康を害する!!

　2020年春先から勃発した新型コロナ感染騒動は、10月になっても終息が見えない。しかし、連日報道されるマスコミ報道は、感染の脅威を煽るだけで、毎年10万人を超える肺炎死や死者3000人のインフルエンザ死などを報道しない疑問が湧き起こる。

　半年たって専門家の見解からわかってきたことは、『PCR検査』偽陽性が80％を超え、ウイルスを特定できる検査法ではないということだ。このことはCDC米国疾病対策予防センターでも公表していた事実だ。大橋眞徳島大学名誉教授は、この間違いは中国武漢研究所の新型コロナウイルスの遺伝子データの間違いが発端であることなどを動画で100回以上も世界に公表した。

　これを裏付けるのは感染死と５Gの普及地域とが一致する事実だ。首謀者はビル・ゲイツらのDSのメンバーであることが濃厚だ。騒ぎ過ぎは明らか。とどめは毒入りコロナワクチンの接種による人口削減計画NWOの実施が疑われる。トランプ氏は、これを仕掛けるDSの掃討にあたり、米国防総省OBからなるQアノン及び銀河連盟のサポートを得ていたという。

DSの追放に乗り出した
トランプ氏

コロナはDSが仕掛けた人口削減計画だ!?

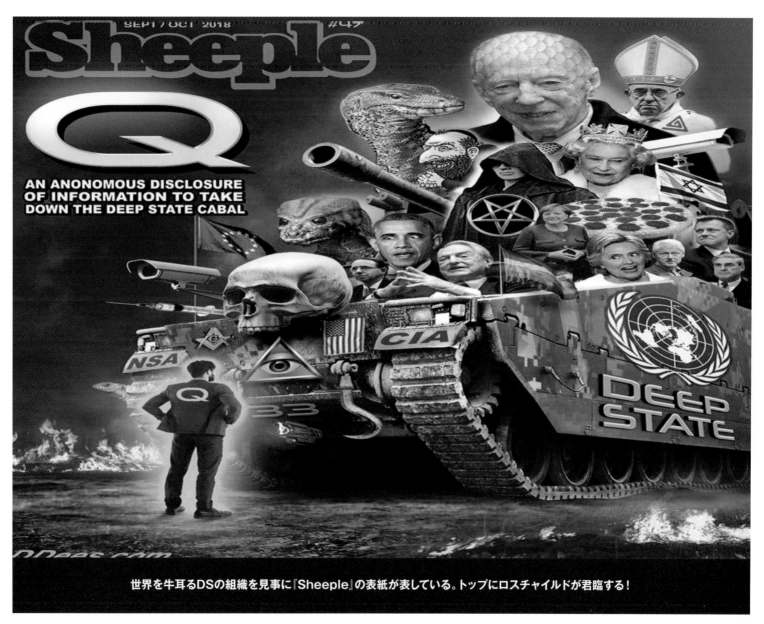

世界を牛耳るDSの組織を見事に『Sheeple』の表紙が表している。トップにロスチャイルドが君臨する！

HER HANDLER
On the photos behind her u see Luisa-Marie Neubauer, her handler. She's a member of "ONE Foundation" managed by BONO, Bill Gates and George Soros

SKOLSTREJK FÖR KLIMATET

グレタ・トゥーンベリを操るビル・ゲイツ、ジョージ・ソロスらの財団仲間の女性が暗躍する。

数年前、ボストンマラソンとオーロラ劇場、そしてパリのサンディフック小学校で銃乱射事件が勃発した。このとき、被害にあったという女性が涙ながらに訴えた。しかし、後にこの3つの事件に遭遇した女性は同一だったことが判明した。

2020年夏、この女性がコロナに感染、重症に陥り、「釘を飲むような苦しさだった」とインタビューに応じた。つまり、"クライシスアクター"だったわけだ。

DSのNWO（世界人口5億人削減計画）は、ケムトレイル ＋コロナワクチン＋5Gで完成する！？

しかもビルダーバーグ会議に度々、出席させてもらってご満悦になっているビル・ゲイツという人物は

アジュバンド

テレ東NEWS 🇬🇧 親の半分が「ワクチンを拒否
YOUTUBE.COM
イギリスで親の半分が"ワクチン拒否"（2020年8月24日）

ワクチン含有成分：
ナノ化アルミニウム、
水銀、ヒ素、鉛、ストロンチウムなどの
重金属、グルタミン
酸ナトリウム、ホウ
酸、蛾の毒素など。

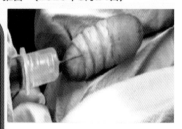

カイコからコロナワクチン？　九大が
候補物質の開発成功：朝日新聞デジ…
asahi.com

2020年10月05日 07:55

「在日米軍がケムトレイルを散布」、元米軍人が証言

📖 ジャーナリズム 国際関係　　　　　　　　　　　🔲 donnjinngannbohnn

※本稿は10月7日発売『紙の爆弾』11月号掲載「元米軍人が告発　在日米軍がプルトニウムを散布している」の前半部分を発行元の許可を得て転載したものである。画期的な証言故、広く拡散願いたい。なお、紙幅の制約から文章を省略してある雑誌版と表現に若干の違いがあることをお断りしておく。

THEY ARE NOT HUMAN!

　日本の上空を行く飛行機から出るケムトレイルについて、元米軍人が「横田基地の人がまいている」と筆者に証言した。彼が話を聞いた責任者として同基地所属の3人の幹部の実名を挙げ、散布する化学物質にはアルミニウムなどの他、核廃棄物としてのプルトニウムも含まれていることを明かした。

空を白く覆うケムトレイル

出典:ハーモニーズ横石集ブログ

65

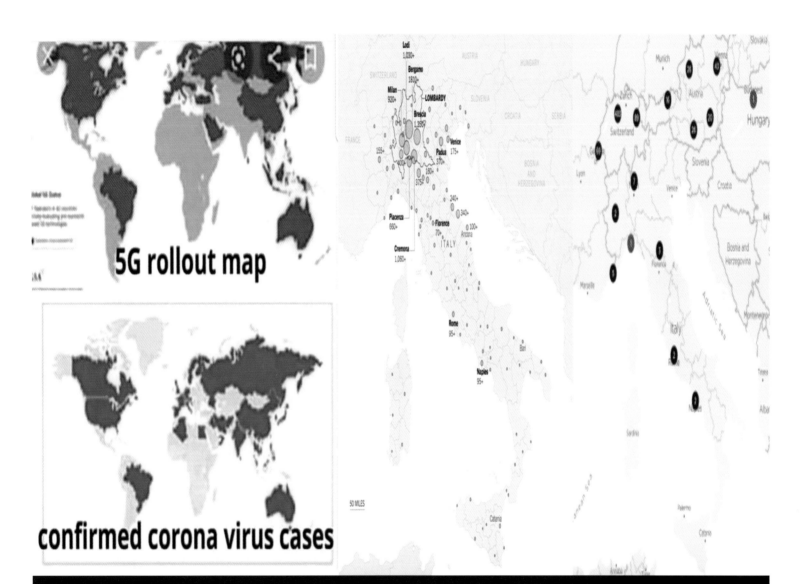

5G rollout map

confirmed corona virus cases

世界中に広がる５Ｇの普及地域と新型コロナ感染地区と見事に一致する。
つまり、５Ｇから発せられるマイクロ波が脳神経を破壊、免疫力を低下させ、肺炎死に至る疑念が浮かび上がる。

5Gがあなたの脳を
間違いなく破壊する！

―端末操作を1日80回以上するのはスマホ依存症だ！―

25:46 / 1:32:42

再生 (k)

出典：「アルシオン・プレヤデス83」

ケムトレイルを消去するハーモニー宇宙艦隊

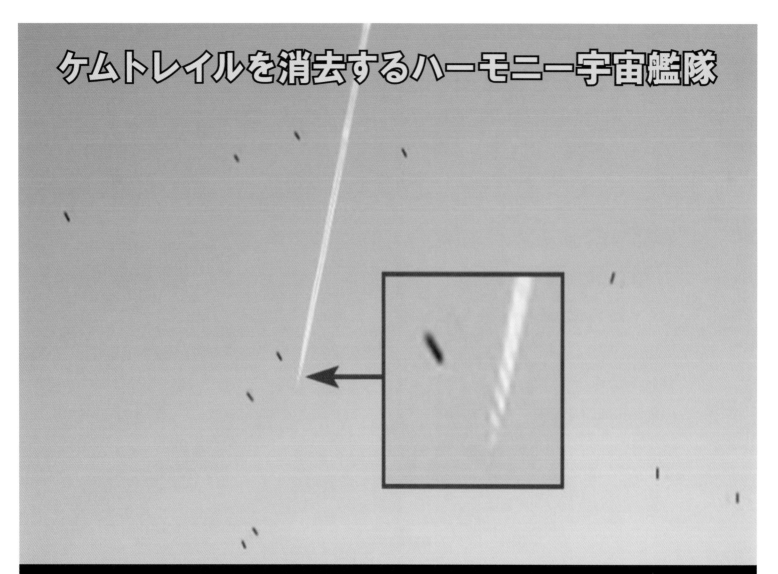

2019年から2020年にかけ、国際問題となっている毒薬散布『ケムトレイル』が激減してきた。これはハーモニー宇宙艦隊らの消去作戦による。
その証拠となるのが、2014年2月27日霧島市で撮影された、見事にケムトレイルをハーモニー宇宙艦隊が消去する奇跡的なシーン。

撮影：アケノ氏

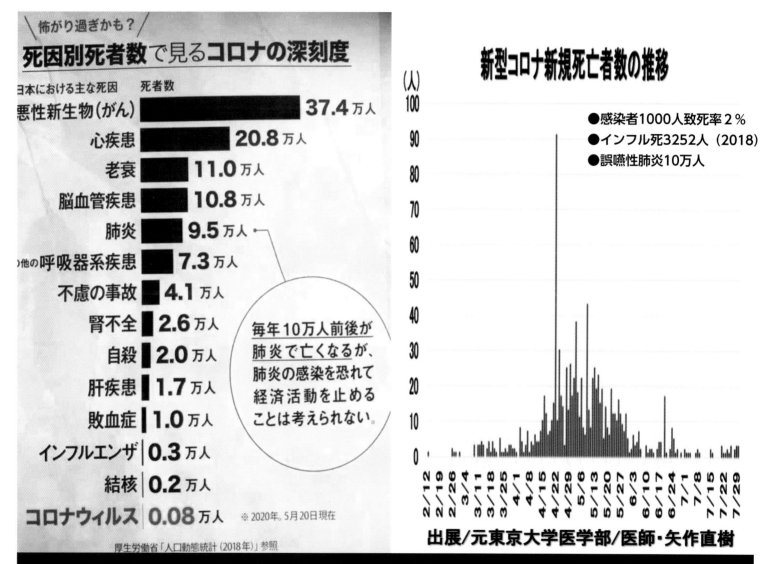

怖がり過ぎかも？

死因別死者数で見るコロナの深刻度

日本における主な死因　死者数

死因	死者数
悪性新生物（がん）	37.4万人
心疾患	20.8万人
老衰	11.0万人
脳血管疾患	10.8万人
肺炎	9.5万人
その他の呼吸器系疾患	7.3万人
不慮の事故	4.1万人
腎不全	2.6万人
自殺	2.0万人
肝疾患	1.7万人
敗血症	1.0万人
インフルエンザ	0.3万人
結核	0.2万人
コロナウィルス	0.08万人

毎年10万人前後が肺炎で亡くなるが、肺炎の感染を恐れて経済活動を止めることは考えられない。

※2020年。5月20日現在

厚生労働省「人口動態統計（2018年）」参照

新型コロナ新規死亡者数の推移

●感染者1000人致死率2％
●インフル死3252人（2018）
●誤嚥性肺炎10万人

出展/元東京大学医学部/医師・矢作直樹

年間死亡者数と比べ、コロナ死は圧倒的に少ない。なぜ、マスコミはコロナ死だけ報道するのか！　しかもコロナ死とする数にも、重篤な病による肺炎、通常のインフルエンザ死をカウントするトリックが隠されている！　騒ぎ過ぎは明らか。意図的に仕組んでいるのは誰か？

PCR検査では
ウイルスは特定できない！！

出典/大橋眞学びラウンジ

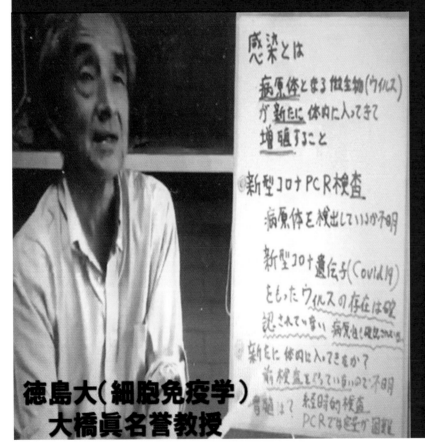

徳島大（細胞免疫学）
大橋眞名誉教授

2019年12月、
「新型コロナウイルスは
存在しない。中国では、
患者の肺質とRNA情報を
見つけただけに
過ぎない」と世界で初めて
嘘を暴露した。

ドイツの「ハンブルク・エッペンドルフ大学病院」の法科学トップ、クラウス・ピュシェル教授は100名以上の患者を解剖した結果、「コロナが原因で死んだ患者は1人もいない！」とTVインタビューで回答！

「亡くなった患者の平均年齢は80歳、心血管疾患、心臓発作、心肥大、冠状動脈狭窄、動脈石灰化、慢性閉塞性肺疾患などです。肝疾患、肝硬変、腎不全、糖尿病、認知症などの代謝性疾患もあった」原因は免疫力の低下！

PCR検査を確立したキャリー・マリス博士は、「感染症にはPCRは適さない」と明言。

PCRキットの説明書には感染症の診断には適さないとも明記、「PCRキットではインフルエンザA、Bを始め7種類のウイルスに対し陽性反応が出るため、コロナウイルスを特定する検査には適さず、80％の確率で擬陽性の出る可能性が非常に高い！」と公表。

・病気があろうがなかろうが、誰でも簡単に陽性者の烙印を押されます。

・陽性者になると、家族、友人・知人、会社まで強制的に調べられます。

・病院に閉じ込められ、面会が禁止されます。

・重病の場合には人工呼吸器にかけられ、死亡率がグンと増加します。

・死亡しても、「危険だ」との理由でろくに真の死因特定は行われません。
すべてコロナ死にされます。

・死亡すると、お骨になるまで家族に会えません。

PCR検査を受けてはいけない
これは壮大な医療詐欺なのです

PCR検査が詐欺の理由

・PCR検査で検出するとされている「ウイルスの遺伝子」は、中国人が10日で
でっち上げたいい加減な「科学論文」によるものです。通常は半年から1年です。

・米国疾病対策センターの文書にも、PCR検査が
アデノウイルス（風邪ウイルス）等に反応することが記載されています。

・検査陽性者の80%に何の症状もありません。

・検査陽性者の半分は、感染経路が不明です。

・陽性死亡者の平均年齢は75歳以上であり、
そのほとんどにコロナ以外の深刻な既往症がありました。

・一人の人を連続して検査すると陽性・陰性が反転します。

・発明者でさえ、「使ってはならない」と言い残しています。

この検査を感染症診断に
使ってはなりません

ダメ！絶対！

PCR検査発明者
1993年ノーベル化学賞受賞者
ドクター・キャリー・マリス（2019年没）

新聞・テレビは不都合なことは報道しません。ネットにはたくさんの情報があります。
詳細を知りたい方は、例えばYouTubeを「学びラウンジ」で検索、
徳島大学の大橋眞名誉教授（免疫生物学）の話が聞けます。

8.29/2020　OANが暴露
ニューヨークタイムズ記事

「検査陽性の最大90％が
ウイルスなど無い！」

In three sets of testing data that include cycle thresholds, compiled by officials in Massachusetts, New York and Nevada, up to 90 percent of people testing positive carried barely any virus, a review by The Times found.

「コロナのバカ騒ぎいい加減やめろ」

8.29　パリAFP時事

73

400万人コロナ反対デモ!!
ワクチン接種廃案

4 MILLIONEN
MENSCHEN IN
BERLIN !!!

出典：FB8.30　杉田穂高

20年以上インフルエンザ治療に対処した
2人の米医師の提言

●結論《新型コロナは、
インフルエンザよりも軽症!》

① 【新型コロナウイルスの広がりは早かったが、致死率は予想以上に低かった】

② 【発症者の96％がリカバー。死亡４％はすべて合併症（肺気腫、腎炎、リウマチ、心臓病、HIVなどの免疫不全）による（彼らのクリニックでの統計）】

③ 【隔離というのは病人にすることであって、健康な人にすることではない】

④ 【医学における決定はデータに基づいて行われるべきである。臨床にあたっていない専門家の机上の理論に従うのはどうなのか】

⑤ 【何より、病院が通常業務を行える状態に戻さなくてはならない。現在、隔離されている医師や看護師を現場に戻さなければ、病院が回らない】

⑥ 【症状がない人は引きこもらなくてよい。無自覚に人に移してしまうことを心配するなら、それはインフルエンザだって同じである】

⑦ 【健康で併存疾患もなく免疫不全もなく、高齢でもなければ、マスクや手袋の着用も必要はない。むしろマスクや手袋によって、他の病気から守ってくれる細菌フローラ（善玉菌）が減少してしまうということだってある】

⑧ 【インフルエンザと同様に扱うのが適当である。つまり症状のある人だけが自宅で安静にすればよい】

⑨ 【まずは子供たちを学校に戻すところから始めよう。そしてカフェやレストランを再開し、様子をみながらイベントも再開していこう】

都、再び時短

午後10時まで

28日、

「不要不急の外出控え」

新型コロナウイルス感染症の急拡大を受け、東京都の小池百合子知事は二十五日、都庁で（松尾博史定撮影）

感染対策短期集中

小声で

日、島しょを除く都内全域で、酒類を提供する飲食店やカラオケ店に対し、営業時間を午後十時までに短縮するよう要請すると発表した。期間は二十八日から来月十七日までの二十日間とし、要請に応じた中小事業者には一律四十二万円の協力金を支払う。
（小倉貞俊）＝重症者急増

拡大防止への協力を呼び掛け続けている東京都の小池百合子知事

会見のポイント
新型コロナウイルス感染症による死者が二十七日、三十一人となった。（「第二波」ピーク時を超える傾向にある。

死者「第２波」超す

27日31人 最多並ぶ

『新型コロナ』

新型コロナウイルス感染症による死者数は三千一人と「第二波」ピーク時を超える傾向にある。二十七日の死者は三十一人となり、二十七人と並び過去最多となった。また、二日と並び最多となった。

重症者も最...

都の新規感染者数は五百七十人で三日連続で五百人台を更新した。二日と並び最多を更新した。重症者も六十一人で四日連続で更新した。〈小坂井文彦〉

札幌・大阪市 出発も自粛を
GoTo 首相、3日で修正

新型コロナによる日々の死者数と重症者数の推移
（全国、厚労省まとめを基に作成）

「個人に刺...

2020年11月下旬、コロナ第２波を煽りに煽る各紙。

★日本コロナ感染爆発の段階

第1波　札幌市・東京都の5G実験開始
第2波　中継局設置とテスト電磁波発信
　　　　　6〜8月　（未確認）
第3波　NTT9月23日5G本格運用開始

いずれも5G電磁波発信時期と一致する

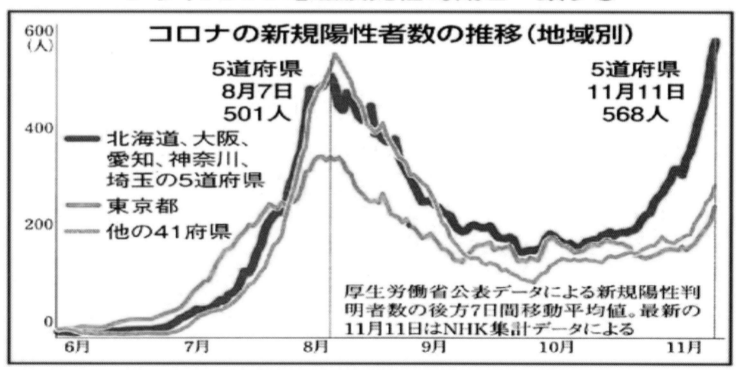

コロナの新規陽性者数の推移（地域別）

5道府県
8月7日
501人

5道府県
11月11日
568人

北海道、大阪、
愛知、神奈川、
埼玉の5道府県
東京都
他の41府県

厚生労働省公表データによる新規陽性判明者数の後方7日間移動平均値。最新の11月11日はNHK集計データによる

出典：FB/武田洋一

77

Part 3

イエス・キリストは2度、
日本にやってきた説を検証！

徳島剣山周辺に古代イスラエル人は移住した！

2020年11月12日、筆者ら取材班は、剣山視察ツアーを敢行した。剣山中腹、東祖谷地区において、「2700年前から、ソロモン王の秘宝が剣山に隠されている」とする伝承の検証が目的だ。ソロモン王の秘宝とは、モーゼが造ったとされる『黄金の契約の箱アーク（聖櫃）』のことだ。中には、"十戒石""アロンの杖""マナの壺"が納められている。古代イスラエルが滅亡したおり、この世界の神宝『アーク聖櫃』がエルサレムから消えてしまったのだ。古代北イスラエル王国が滅亡したのはBC722年のこと。南イスラエル王国はBC586年、滅亡した。その後、10支族の足取りは世界史から忽然と消えた！

イエス・キリストは南王国の王子だったという説がある。

果たして古代イスラエル人はどこに消えたのだろうか？

これが、『失われた10支族』と呼ばれる所以だ。この謎を解く大きな鍵は、預言者イザヤが、"東方の海に囲まれた島々でエルサレムの神を再興せよ"と言い遺したことだ。この10支族が日本にやってきて日本の土台を創ったとする証拠を拙書『世界文明の「起源は日本」だった』（ヒカルランド）に著した。

同書の中で、古代イスラエルのガド族が海路で徳島の吉野川の支流、神山町まで6艘の船に分乗、1800人ほどが1年半かかって上陸し、レビ族に"大切なもの"を渡したことまで述べた。むろん、このことを著したのは世界で誰もいない。レビ族とは、神事を担う神官のことである。したがって、黄金の契約の箱を扱えるのは彼らしかいない。今回は、レビ族が剣山まで大切なもの、契約の箱アーク聖櫃を運んだ軌跡を辿った。

神殿や石垣づくりに違和感

預言者イザヤが「日出づる国へ向かえ」と言い遺したのは、縄文日本こそ、彼らに文明を伝えたことを知っていたと思われる。

徳島・美馬市で目にしたのは、磐境神明神社の拝殿のような遺跡だ。ガド族は吉野川を西進、神山町で上陸した。この跡地には船尽神社が建造されていた。この神社は豊国文字で記され、その石垣はくの字型に組まれ、日本伝統の石垣とは違和感がある。

明らかに剣山の中腹木屋平集落周辺に残る石垣と共通する石組で

あることがわかった。これこそ、2700年前にやってきた古代イスラエル、ガド族、レビ族らが遺した遺跡に違いない。彼らはこの地に契約の箱アークを運び、エルサレムの神を再興したと思えるのだ。

BC722年、
アッシリアに攻められ、
北イスラエル王朝が滅亡、
アッシリアに連れていかれ
捕囚となった（アッシリア捕囚）

最初、出迎えたくれたのは高松市内の3連山である。

驚くべきことにこの3連山の高さとギザのピラミッドの高さをそれぞれ割ると、組み合わせによって
それぞれの高さの100分の1の数値が得られる。この発見は神かがりとも言える。

これから導き出せる仮説は、「ギザのピラミッドはこの3連山がモデル」ということだ。

建造は20万年前、ムー文明の興隆期にあたる。つまり縄文日本とは世界最古の文明であろう。

この頃は、ムー大陸と日本列島、九州、沖縄、四国は陸続きだったのだ。

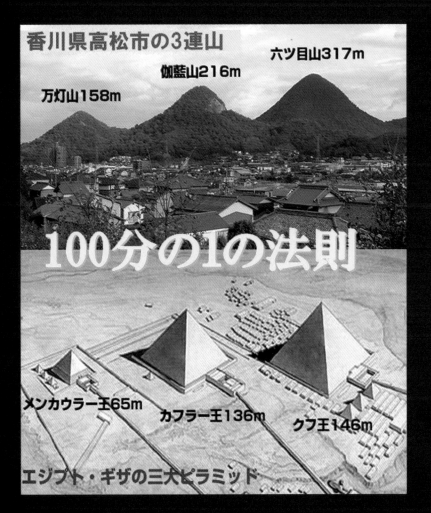

① 伽藍山の高さ

216ᴹ²トル÷万灯山の高さ158ᴹ²トル＝1.367088

→ カフラー王のピラミッドの高さ136mの
1/100の値

② 六ツ目山の高さ

317ᴹ²トル÷伽藍山の高さ216ᴹ²トル＝ 1.467592

→ クフ王のピラミッドの高さ146mの
1/100の値

③ 伽藍山の高さ

216ᴹ²トル÷カフラー王の高さ136ᴹ²トル＝1.588325

→ 万灯山の高さ158mの
1/100の値

④ 六ツ目山の高さ

317ᴹ²トル÷クフ王の高さ146ᴹ²トルの高さ＝2.17123

→ 伽藍山の高さ216mの
1/100の値(若干の誤差)

古代イスラエル10支族は、
徳島・剣山周辺に移住した軌跡を発見！

世界の秘宝モーゼの『契約の箱アーク（聖櫃）』を運んだ
古代イスラエルのガド族・レビ族は、
徳島・吉野川流域を聖地とし、磐境（遺跡）に
拝殿を建造。
後に木屋平集落（つるぎ町）に移住した。
彼らの末裔、忌部氏の守護神、天太玉命を下宮神社に祭った。
祇園祭と同月同日の7月17日、
剣山に神輿を担ぐ祭りは、その由来を
伝えたものであろう。
イエス・キリストはレビ族を追って、
集団で
日本にやってきたに違いない！

82

美馬市の磐境神明神社には、石垣に囲まれ、石でできた祠が5か所ある。これは、レビ族の建造物だろう。

美馬市指定史跡 神明神社

指定年月日　1987年（昭和62年）3月11日

南北約7m、東西約22mの範囲を石垣が長方形状に囲郭する異形の
祠。南辺には3ヵ所の入口、北辺に5ヵ所の祠が設けられています。
これについての文献記録での初見は、安永八年（1779）「白人大明神
由来書」です。この内容をみると、白人神社より約1町（109m）ばかり
上の段にある奥社とされる神明山という所で、寛保年間（1741－1743）
に芝刈りの際に長さ八間余（約15m）、横幅四間余（約7.5m）、東西に
二ヵ所の入口、内側は長さ六間（約11m）、幅一間（約1.8m）の石垣が
発見されたとあります。この記録の記述は現状の姿と若干異なるため、少
なくとも現在の姿は江戸時代後半以降のものです。成立年代は比較的新
しいが、他に類例の見あたらない特殊な形態の祠であり、貴重な祠です。

美馬市教育委員会

石垣で覆われた拝殿の中には古びた石の枠でできた祠が5つ造られてあった。

2700年前、古代イスラエル人が造った拝殿跡！

同行した開運コンサルタント・のぐちこうしん氏は、「日本神道とは違う、明らかに古代人のバイブレーションを感じます」と言った。

彼らは剣山の中腹木屋平に移住した

失われた10支族は、エルサレムの地形に似た祖谷地区を聖地とし、ここに移住、混血し、現地に溶け込んでいった。
傾斜地農法は世界遺産になった。

美馬郡つるぎ町の下宮神社。最古の棟札は1448年。忌部氏の祭神天太玉命を祭る。

下宮神社の境内は、広々とし、四季折々の花が咲き、巨木が年月を忍ばせる。左隅の女性が剣山で契約の箱アークを埋めた記憶を持っている。フーチセンサーで前世レビ族であることがわかった。

このくの字型石組みが、神山町の船尽神社の石組みと同じ造り。
イスラエル10支族が2700年前、建造したのに違いない。忌部氏とは物部氏であり、レビ族がルーツだ。

東祖谷地区には、
「2700年前、剣山にソロモン王の秘宝が隠された」との伝承が残る

毎年7月17日、アララト山に"ノアの箱舟"が漂着した日、神輿を山頂に運ぶお祭りが開催される。

2020年11月13日、剣山は小雨に煙った。レビ族の末裔が来たことで剣山は涙にくれたのだろうか？

剣山山頂、レビ族はここに
「契約の箱アーク（聖櫃）」を秘蔵した！？

ルベン　シメオン　ユダ　ダン　ナフタリ　ガド

アシュル　イサカル　セフルン　ベニヤミン　マナセ　エフライム

南北イスラエル12支族

※レビ族は特別職なので、12支族には入らない。

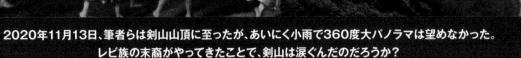

2020年11月13日、筆者らは剣山山頂に至ったが、あいにく小雨で360度大パノラマは望めなかった。
レビ族の末裔がやってきたことで、剣山は涙ぐんだのだろうか？

94

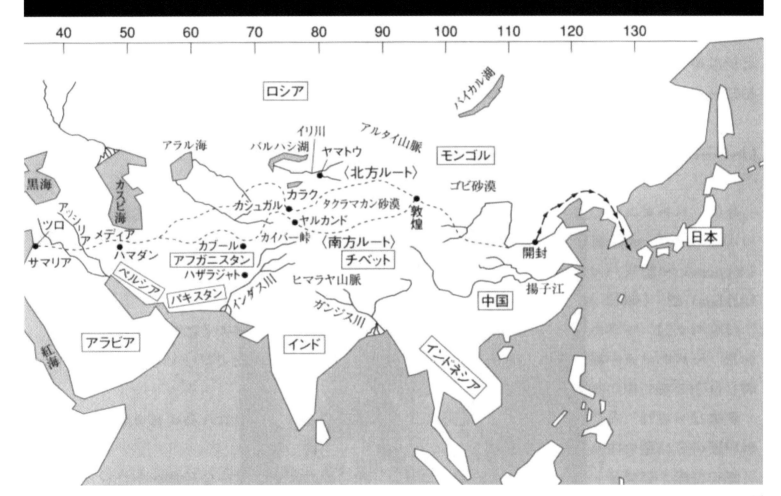

「失われた10支族」は、世界史から消え、
「東方の海に囲まれた島々でイスラエルの神を
再興せよ」（イザヤ書）に従い、東へ東へ向かった！

イエスは日出ずる国に
2度、やってきた！

エルサレムから逃れたイエス・キリストは、

10支族の後を追い、海路で五島列島に上陸。

その後、長崎、レビ族が移住した

四国徳島、モーゼが眠る石川県宝達山、

十和田を船で経由、最後に青森・旧戸来村で生涯を閉じたに違いない。

戸来村とはヘブライ村のことだった。

五島列島
拡大図

小値賀町

新上五島町

丑之浦神社
高照姫神

濱窄神社

高浜

ツブラ島

椛島

▲弥彦山
猿田毘古神
天見ヶ浦

天御中主神
五島市

五島列島・福江島こそが
高天原に違いない

宗谷暖流

リマン海流

津軽暖流

千島海流
（親潮）

対馬暖流

出雲

黄海暖流

笠沙

五島暖流(仮)

日本海流（黒潮）

カゴメの唄はヘブライ語で解ける

カグ・メー（誰が守るのか？）カグ・ノェ・ナカノ・トリー（堅固に閉ざされた安置されている物を出せ）イツィ・ディュゥー（契約の箱に納められ封じられて、これまで安置されてきた神器を取り出せ）ヤー・アカ・バニティ（代わりにお守りの形をした物を作った）ツル・カメ・スーベシタ（誰も住むことがない荒地に水を引いて貯水し）ウーシラッ・ショーメン・ダラ（その場所を統治せよ）

出典：「日本とユダヤのハーモニー」
http://www.historyjp.com/

君が代はヘブライ語の音韻

クムガヨワ（立ち上がれ）テヨニ（シオンの民）ヤ・チヨニ（神に選ばれし者）サッ・サリード（喜べ・人類を救う民として）イワ・オト・ナリタァ（神の預言が成就する）コ（ル）カノ・ムーシュマッテ（全地で語り鳴り響け）

出典：「君が代はヘブライ語だった」（サンビームズ）

Nannya-doraya

青森・旧戸来村にある2つの丘がイエス・キリストと弟イスキリの墓だという。
お盆にはイスラエル大使館員を入れ、「ナンニャー・ドラヤ祭り」が行われるという。

イエスが暮らしたとされる旧戸来村

十和田市

S

田茂代

下後藤

1053.8m
十和田山

556m
大黒森

水沢

女ヶ崎 金ヶ沢スキー場 ● 長泉寺 ● 鹿田

荒巻

駐在所 ⊗
郵便局 ⊕ ● ◯彰道

又木戸ダム

長崎

滝沢

川代

戸来 役場 ◯

103

1159.4m
三ヶ岳

戸来岳連峰

岡谷地

大畑

五戸川

三嶽神社

1 キリストの墓 現在地

十和田湖

1144m
大駒ヶ岳

かつらな峡 ●

雨池川

2 伝承館 丹内沢

登山道

3 大石神ピラミッド
▲

長漕

民宿すぎむら ●

上栃棚 沢口 長峰

● ベンシ

下栃棚 野ばら

宇樽部

登山道

990.9m
十和利山

平牛沢水と緑の森
キャンプ場 ●

羽井内

7 間木ノ平グリーンパーク

6 道の駅しんごう

454

大谷地

崩

西越

間明日

妙返川
御成婚記念の森 ●

二ノ倉ダム

鷲の湯
野沢温泉 ●

権現ノ滝 ●

5 伝説の鷲の湯
新郷温泉館

上横沢

下横沢

迷ヶ平
自然休養林

4 水芭蕉群生地

和田□

鹿角市

田子町

三戸町

至田子町

至田子町

至三戸町

リサ・ローヤル氏は、青森迷ヶ平はプレアデス星人の人間遺伝子実験場であるとした。

101

剣山の麓の東祖谷地区に栗須戸神社（現：栗枝戸神社）があった。ギリシア語では、キリストはクリストと発音する。

日本とはイエス・キリストの国だった！

イエス・キリストが日本に2度やってきたことを伝えるのは世界最古の文献、竹内文書（文献）だ。竹内文書は偽物とされたが、筆者は竹内家の後継者から竹内文献を写し撮った写真集を確認、非公開の文献を読み取ることができた。

かつて、明治生まれの教員、山根キクは、『光りは東方より』を著し、キリストは青森で亡くなったことを述べていた。また、自問自答法を編み出した天野聖子は、「ゴルゴダの丘で磔にされたのは弟イスキリ、戸来村の二つの丘にはイエス・キリスト・弟イスキリの遺品が眠る」とした。

さらに豪州のミッシェル・デマルケ氏は、9次元世界をUFOで探訪、タオと名乗る長老からは、「イエス・キリストは日本の東北、戸来村という僻地で亡くなった」と竹内文書と酷似することを諭された。豪州育ちのデマルケ氏が竹内文書を熟知していたとは考えられない。筆者は、フーチでイエス・キリストが2度来日、2度目は五島列島で船でやってきたことを確認した。

歴史上の史実では、京都太秦を拠点にした秦氏とは、秦の始皇帝に酷使された中国弓月国の景教徒の民であった。当時の仲哀天皇は、弓月国の大王の要請を受け入れ、応神天皇の代に10万人ほどの景教徒を受け入れた。やがて、この帰化人から秦川勝を輩出、聖徳太子の治世に協力したことが判明した。

神の国日本を攻撃に曝してはならない！

太秦とは、イシュ・メシア（イエス・メシア）、ウジュ・メシア、ウズマサと日本語読みとなった。つまり、秦氏は自分たちの拠点を太秦（イエス・キリスト）と呼んだのだ。秦氏は日本の神社の八割を創建した。

INRI（ユダ国の王子、ナザレのイエス）とは、十字架の上にかけられた罪状のことだ。稲荷神社とは、INRIがなまり、稲荷と表記されたと言語学者は解析した。したがって、稲荷神社が散在する日本とはイエス・キリストの国だったのだ。この国がDSによって、攻撃、せん滅の憂き目にあってはならない！ DSには、神から大きな天罰か下るに違いない！

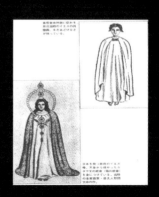

103

編集後記　銀河連盟は共存・共栄、平等の社会を望んでいる

「真実は小説よりも奇なり」　およそ信じ難い画像とともに現在、起きている事実を綴った。『ハーモニー宇宙艦隊』シリーズの読者、またはハーモニーズのメンバーならほとんどご理解いただけるものだが、初めてこの書を手に取る方は、「そんな馬鹿な！」と思われるに違いない。特に「新型コロナ騒動」に関しては、これが嘘・でっち上げであることには異論を持たれる方が多いかもしれない。また、米大統領選では民主党候補バイデンが勝利し、民主主義が護られたとみる向きが多いと思われる。それもそのはず、新聞、テレビでは、コロナ報道と同様に連日、バイデン勝利の報道一色だったからだ。しかし、考えないといけないことは、すでに日本はDSの傘下、政権の中枢にいたる閣僚までが、CSIS米国際問題研究所の息がかかっている。本来、マスコミがこれを白日下に曝し、批判しなければならない立場なはずだが、8年近くの長きにわたった前安倍政権に調教され、政府の広報機関と何ら変わりはなくなってしまった。

この悪辣さを踏襲する5G（爺）政権にこの国は蹂躙され、希望が持てない国に成り果てようとしているのが現状だ。私たちには、テレビ以外の情報収集に努め、真実を見極めねばならない必要が生じてきた。期待されるのは、トランプ氏をサポートするQアノンと銀河連盟の活躍だ。すでにDSはかなり粛清、追放され、新しいフリーエネルギーによる共存・共栄、平等な社会の到来が近い。これは銀河連盟、地球外生命体が最も望んでいることだ。

2021年、彼らの姿を公開できる！？

筆者はUFO情報を収集し、すでに50年が過ぎた。2020年はUFO召喚に成功、コンタクトも可能になってきた。2021年には衝撃情報をお届けできるかもしれない。

いよいよ彼らの姿を公表できる可能性が高まってきた。このときこそ、大きな変革が起こるに違いない。

2020年11月　　　　　　　　　　　　　お楽しみに！

出典：「アルシオン・プレヤデス」

ジャーナリスト・作家

上部一馬　元健康情報新聞編集長。

1954年陸前高田市生まれ　77年明治学院大学卒、商社勤務の後、学研代理店勤務。92年健康産業流通新聞社入社、2000年フリーに、健康情報新聞編集長兼務。16年ドキュメント作家として代替医療、環境・農業問題、超常現象、UFO、超古代史など執筆、講演活動を展開。主な著書：『3・11東日本大震災　奇跡の生還』（コスモ21）『世界文明の「起源は日本」だった』『日本上空をハーモニー宇宙艦隊が防衛していた！』『超微小知性体ソマチッドの衝撃』『シリウス：オリオン驚愕の100万年地球史興亡』（ヒカルランド）、『日本は農薬・放射能汚染で自滅する!?』（コスモ21）『地球外生命体が人類を創造した！』（ビジネス社）など多数。

魂愛の画家　ふらちゃ絵本作家

そうだゆうこ

横浜生まれ
東京・武蔵国在住

PHOTO WARNING
日本を防衛するハーモニー宇宙艦隊&銀河連盟
新型コロナの謀略を暴く

第一刷 2021年1月31日

著者 上部一馬（ジャーナリスト・作家）

発行人 石井健資
発行所 株式会社ヒカルランド

〒162-0821 東京都新宿区津久戸町3-11 TH1ビル6F
電話 03-6265-0852 ファックス 03-6265-0853
http://www.hikaruland.co.jp info@hikaruland.co.jp

振替 00180-8-496587
本文・カバー・製本 中央精版印刷株式会社
本文・カバー・DTP takaoka design
編集担当 伊藤愛子

コロナと陰謀
著者：船瀬 俊介
四六ソフト　本体2,500円＋税

ウイルスは[ばら撒き]の歴史
著者：菊川 征司
推薦：船瀬 俊介
四六ソフト　本体2,000円＋税

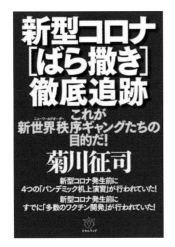

新型コロナ[ばら撒き]徹底追跡
著者：菊川 征司
四六ソフト　本体1,800円＋税

PCRは、RNAウイルスの検査に
使ってはならない
著者：大橋 眞
四六ソフト　本体1,300円＋税

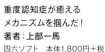

室内設置で5G電磁波、屋外設置で人工災害をブロック
一家、そして地球を護るスーパー量子加工アイテム

ハーモニー宇宙艦隊の活動はブログでも確認できる

●地球を正しき道へと導く「ハーモニー宇宙艦隊」

この世界は「闇の政府」と呼ばれる巨大な富を持つ一握りの勢力によって操られ、様々な謀略が繰り返されています。地震、台風、気象災害、感染症の流行……。これらの多くが人工的に起こされているという事実に、多くの人が気づきはじめ、阻止する力に変えていく時を迎えています。

地球上のこうした状況に対し、天空の彼方から無償の愛で護り続けているのが、ハーモニー宇宙艦隊です。太陽系を乗っ取ろうとする勢力に一度は追われた平和を愛する種族は、6500万年の時を経て、今まさにその渦中にある地球を救うために戻ってきました！ 人類には想像できない高度な文明の力を持って、人工地震の瞬時震源ワープ、人工台風の発生や進路のコントロールなど、私たちの平和な日常を支え続けているのです。

そんなハーモニー宇宙艦隊とコンタクトできる「ハーモニーズ」によって、ハーモニー宇宙艦隊と繋がる夢のようなアイテムがたくさん生み出されています。その原動力となっているのが「量子加工」です。

●ユーザーの願いをハーモニー宇宙艦隊に届ける

量子力学の世界では、人が持つ意識や思いが最小単位である粒子に影響を与え、物質や現実に変化を起こすことが明らかになっています。こうした量子の性質を、プラズマ放電を用いた加工によって生じさせ、ユーザーの願い（＝想念）をハーモニー宇宙艦隊に届ける媒介として機能させることができるようになりました。

願いはパーソナルなことから世界平和に関することまで、全知全能なハーモニー宇宙艦隊は受け入れてくれるでしょう。実際、金運アップをコンセプトにした財布で驚きの成果が出たなど、その反響は年々高まっています。

●5G電磁波の防御には最新アイテム「おはぎちゃん」を

2020年にサービスが開始された5G通信システムは、便利さと引き換えに電磁波によるリスクが問題視されています。その対策として開発されたのが「おはぎちゃん」です。

「おはぎ」に見立てた中央のテラヘルツ球体を囲む、ネオジウムマグネットから生じる強力な磁力によって中心をゼロ磁場にし、そこにユーザーの願いを乗せた無限の量子の力も加わって、周囲の空間の電子をコントロール。電磁波のリスクを軽減することを可能にします。

また、「おはぎちゃん」をはじめとした日本中のハーモニー宇宙艦隊量子加工グッズとの連携により、闇の勢力の陰謀の阻止にも役立てることができます（レギュラー推奨）。普段は電磁波対策への願い事をインストールしながらも、台風襲来など不穏を感じた時は、平和への願いを「おはぎちゃん」に託してください。大きな輪となればなるほどハーモニー宇宙艦隊の強大なサポートが得られるでしょう。

屋外設置も可能な
電磁波対策のプロ

レギュラーおはぎちゃん

■18,000円（税込）

- ●カラー：ホワイト、ブラック
- ●サイズ：［本体］直径57mm×高さ34mm、
　　　　　［テラヘルツ球］直径20mm
- ●重量：166g　●素材：鉄製　●説明書付

使用上の注意
※願い事は「おはぎちゃん」に対してご自身の声で伝えることで設定できます。
※バッグなどに入れて持ち運ぶ場合、ATMカードやクレジットカードなどの磁気情報に影響を与えないよう必ず離してください。　※「ミニおはぎちゃん」をスマートフォンに装着する場合、改札を通ったり決済端末をご利用になる時は取り外してください。

小型でスマホ装着可能！
いつでも5G対策を

ミニおはぎちゃん

■11,000円（税込）

- ●カラー：ゴールド、ホワイト
- ●サイズ：［本体］直径35mm×高さ17mm、
　　　　　［テラヘルツ球］直径15mm
- ●重量：28g　●素材：鉄製　●マジックテープ、説明書付

ヒカルランドパーク取扱い商品に関するお問い合わせ等は
メール：info@hikarulandpark.jp　URL：http://www.hikaruland.co.jp/
03-5225-2671（平日10時〜17時）

＊ご案内の価格、その他情報は発行日時点のものとなります。

地上の星☆ヒカルランド　銀河より届く愛と叡智の宅配便

痛みも副作用も侵襲性もゼロ！
がんで死ぬ時代に終止符を打つ
がん死ゼロの革命
第4の医療【高周波ハイパーサーミア】のすべて

【驚異の温熱免疫療法機器ハイパーサーミア】とは何か!?
その効果、そのメカニズム、その開発秘話！
そして再発予防としての最強メソッド

① 家庭での温熱療法、
② 免疫サプリメント療法、
③ 酵素玄米食のノウハウを詳報！

医療ジャーナリスト
上部一馬

がん誘発の
原因とその
解決法を
一挙公開！

がん死ゼロの革命 第4の医療
《高周波ハイパーサーミア》
のすべて
著者：上部一馬
四六ソフト　本体1,815円＋税

闇の政府をハーモニー宇宙艦隊が
追い詰めた！
著者：上部一馬
四六ソフト　本体1,815円＋税

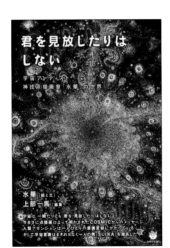

君を見放したりはしない
著者：水華 / 編著：上部一馬
A5ソフト　本体2,750円＋税

まもなく病気がなくなります！
超微小《知性体》ソマチッドの衝撃
著者：上部一馬
四六ソフト　本体2,000円＋税